czytamy
w oryginale
**wielkie
powieści**

Czytamy w oryginale

Jonathan Swift
Gulliver's Travels
Podróże Guliwera

Autor adaptacji:
Scotia Victoria Gilroy

Tłumaczenie adaptacji na język polski:
Redakcja

Projekt graficzny i ilustracje: Małgorzata Flis

Skład: Marek Szwarnóg

wydawnictwo 44.pl

Global Metro Sp. z o.o.
ul. Juliusza Lea 231
30-133 Kraków

Druk i oprawa: OSDW Azymut Sp. z o.o.

ISBN: 978-83-63035-64-8

czytamy
w oryginale

Jonathan Swift

Gulliver's Travels
Podróże Guliwera

adaptacja w wersji angielsko-polskiej

wydawnictwo
44.pl

I. A VOYAGE TO LILLIPUT

All my life I have wanted to travel. As a young man I studied to be a doctor, but the only thing I dreamed of was to travel around the world and see new lands.

Finally the chance to travel came when I was employed as a surgeon upon a ship that was making a voyage to the South Seas. We left England on May 4th, 1699, and at first our voyage was very successful.

I. PODRÓŻ DO KRAINY LILIPUTÓW

Całe życie chciałem podróżować. W młodości kształciłem się, żeby zostać lekarzem, ale moim jedynym marzeniem było podróżowanie dookoła świata i poznawanie nowych lądów.

W końcu szansa na podróż nadarzyła się, gdy zatrudniłem się jako chirurg na statku zmierzającym na Morza Południowe. Wyruszyliśmy z Anglii 4 maja roku 1699 i początkowo wyprawa przebiegała pomyślnie.

Unfortunately, however, there was a violent storm. Our ship hit a large rock and was immediately split in half.

I don't know what happened to the rest of the men on the ship. I swam as far as I could, and when I was nearly dead from tiredness, I reached land.

I couldn't see any houses or people, and I was extremely tired, so I lay down on the grass and fell asleep.

When I awoke it was already the next morning. I tried to stand up, but I wasn't able to move. I was lying on my back, and my arms and legs were strongly tied to the ground, and my hair, which was long and thick, was tied down in the same way. I felt several thin ropes across my body, and I could only look upwards. The sun was beginning to grow hot, and the light was very painful to my eyes.

I heard a lot of noise around me. In a little while, I felt something moving on my left leg, which advanced gently over my chest and came almost up to my chin. When I bent my eyes downwards, I saw that it was a human creature less than six inches high, with a bow and arrow in his hands. At the same time I felt at least forty more of the little creatures following the first. One of them cried out in a high voice: Hekinah degul!

The others repeated the same words several times, but I didn't know what they meant.

Jednak na nieszczęście rozpętała się gwałtowna burza. Nasz statek uderzył w wielką skałę i w mgnieniu oka rozpadł się na pół.

Nie wiem, co stało się z resztą załogi. Płynąłem tak daleko, jak mogłem, i kiedy już niemal konałem ze zmęczenia, dotarłem do lądu.

Nie dostrzegłem żadnych domów ani ludzi, a ponieważ byłem wyczerpany, położyłem się na trawie i zasnąłem.

Gdy się obudziłem, był już poranek dnia następnego. Spróbowałem wstać, ale nie mogłem się poruszyć. Leżałem na plecach, a moje ręce i nogi były mocno przywiązane do ziemi, podobnie jak moje długie, gęste włosy. Czułem kilka cienkich lin na ciele, i mogłem patrzeć jedynie w górę. Słońce przygrzewało coraz mocniej, a światło było bardzo bolesne dla oczu.

Wokół słyszałem duży hałas. Po krótkiej chwili poczułem, że coś porusza się na mojej lewej nodze, zmierzając powoli ku klatce piersiowej, by dotrzeć w końcu w pobliże brody. Gdy skierowałem wzrok w dół, zobaczyłem, że to mierząca niespełna sześć cali ludzka postać, trzymająca w dłoniach łuk i strzałę. Poczułem wtedy co najmniej czterdzieści kolejnych maleńkich istot podążających za pierwszą. Jedna z nich zakrzyknęła cienkim głosem:

– Hekinah degul!

Reszta powtórzyła te słowa kilkakrotnie, nie wiedziałem jednak, o co im chodzi.

I lay all this time very uncomfortably, until at last I was lucky enough to break some of the strings. At the same time, with a strong pull, which caused me a lot of pain, I managed to loosen the strings that tied down my hair on the left side, so I could turn my head a little bit.

The creatures ran away before I could grab them. Then there was a great shout, and I heard one of them cry: Tolgo phonac!

A moment later I felt hundreds of arrows hit my left hand, which felt like many needles. They shot more into the air, as we do with bombs in Europe, and some fell on my face, which I immediately covered with my left hand.

I thought it would be best to lie still until night, when, my left hand being already loose, I could easily free myself. I believed I would have no trouble fighting against the greatest armies they could bring against me if they were all the same size as the creatures I saw.

But things happened differently. When the people saw I was quiet, they stopped attacking me. Near my right ear I heard a knocking sound for about an hour. When I turned my head that way, I saw that they had built a tiny, wooden stage, with a little ladder to climb onto it. Soon a man went up onto it who seemed to be a very important person. He was no taller than my middle finger.

Cały ten czas leżałem w bardzo niewygodnej pozycji, aż w końcu udało mi się zerwać niektóre sznurki. Równocześnie mocnym szarpnięciem, które przysporzyło mi dużo bólu, poluzowałem sznurki przytrzymujące mi włosy z lewej strony, tak że mogłem nieco przekręcić głowę. Ludziki uciekły, zanim zdołałem je schwycić. Potem zabrzmiał głośny okrzyk i usłyszałem, jak jeden z nich woła:

– Tolgo phonac.

Po chwili poczułem uderzenie setek strzał, niczym grad igieł, na lewej ręce. Strzelali bardziej w górę, podobnie jak my w Europie wyrzucamy bomby, i niektóre strzały spadły mi na twarz, którą czym prędzej osłoniłem lewą ręką.

Pomyślałem, że najlepiej będzie przeleżeć nieruchomo do nocy, kiedy to – mając już oswobodzoną lewą rękę – z łatwością będę mógł się uwolnić. Ufałem, że bez trudu pokonam największą nawet armię, jaką sprowadzą przeciwko mnie, jeżeli wszyscy są tego samego wzrostu co stworzenia, które widziałem.

Ale sprawy potoczyły się inaczej. Gdy zobaczyli, że się uspokoiłem, przestali mnie atakować. W pobliżu lewego ucha przez około godzinę słyszałem odgłosy postukiwania. Kiedy przekręciłem głowę w tę stronę, ujrzałem, że zbudowali małe, drewniane rusztowanie z drabinką do wchodzenia. Wkrótce wszedł na nie człowiek, który – jak się zdawało – był jakąś ważną osobistością. Był nie większy niż mój środkowy palec.

He made a long speech directed at me. Though I could not understand it, I tried to tell him that I wouldn't harm the people, and that I agreed to all conditions of peace.

I was extremely hungry and attempted to communicate this by putting my finger on my mouth, to show that I wanted food. The man understood me very well. He climbed down from the stage and commanded that several ladders should be put against my body, which over a hundred of the people climbed up. They walked towards my mouth carrying baskets full

Wygłosił długą, skierowaną do mnie przemowę. Mimo, że nic nie rozumiałem, próbowałem powiedzieć mu, że nie skrzywdzę nikogo oraz że zgadzam się na wszystkie warunki pokoju.

Byłem okropnie głodny i starałem się to zakomunikować, kładąc palec na ustach, żeby pokazać, że chce mi się jeść. Człowieczek zrozumiał mnie świetnie. Zszedł z podestu i zarządził, aby przystawiono do mojego ciała kilka drabin, po których wspięło się ponad stu ludzi. Podeszli do moich ust, niosąc kosze pełne

of meat and bread. I took three loaves of bread at a time, which were about as big as rifle bullets. The people supplied me with as much food as they could, amazed at my size and appetite.

I then made another sign that I wanted something to drink. They brought one of their largest barrels, rolling it towards my hand. I drank it in one mouthful, and it tasted like delicious wine. They brought me a second barrel, which I drank in the same way.

When I had finished, they shouted for joy and danced upon my chest. I confess that I often wanted to grab forty or fifty of the first ones that came in my reach and throw them onto the ground.

But the memory of the promise of peace I had made to them, sent these ideas out of my mind. Besides, they were now treating me kindly and with great generosity. How could I break the rules of hospitality?

After I was finished eating, a messenger from the Emperor appeared. He climbed up my leg and walked forwards up to my face with about twelve other people. He spoke to me for ten minutes, often pointing forwards, which, as I afterwards found out, was towards the capital city, where it had been agreed by the Emperor that I must be brought.

I made signs with my free hand to express that I wished to be free. It appeared that he understood me, for he shook his head and used his hand to express that I must be carried as a prisoner. However,

mięsa i chleba. Pochłaniałem trzy bochenki chleba na raz, każdy wielkości kuli do strzelby. Dostarczyli mi tyle pożywienia ile zdołali, zadziwieni moją wielkością i apetytem.

Potem dałem znać, że chce mi się pić. Przynieśli największą ze swoich beczek i dotoczyli do mojej dłoni. Wypiłem to jednym haustem – smakowało niczym wyborne wino. Przynieśli drugą beczkę, którą opróżniłem w ten sam sposób.

Kiedy skończyłem, krzyknęli z radości i zatańczyli na mojej klatce piersiowej. Wyznać muszę, ze nie raz miałem ochotę złapać czterdziestu czy pięćdziesięciu najbliższych, jacy byli w moim zasięgu, i zrzucić ich na ziemię.

Przypominałem sobie jednak daną im obietnicę pokoju i to odsuwało ode mnie te myśli. Poza tym traktowali mnie teraz miło i z wielką hojnością. Jakże bym mógł złamać zasady gościnności?

Gdy już się posiliłem, pojawił się posłaniec od cesarza. Wspiął się na moją nogę i w towarzystwie około dwunastu innych ludzi dotarł w pobliże mej twarzy. Przez dziesięć minut przemawiał do mnie, raz po raz wskazując przed siebie, gdzie, jak się później zorientowałem, leżała stolica państwa, do której, na polecenie cesarza, miałem być zaniesiony.

Wolną ręką dawałem znaki, że chciałbym być uwolniony. Zdawało się, że mnie zrozumiał, bo skinął głową i używając rąk pokazał, że muszę być niesiony jako więzień. Jednakże za

he made other signs to let me know that I would have enough to eat and very good treatment.

Five hundred carpenters and engineers began to prepare the greatest vehicle they could make to carry me to the city. It was a frame of wood raised three inches from the ground, about seven feet long and four feet wide, moving upon twenty-two wheels. Nine hundred of the strongest men were brought to lift me onto it with ropes and pulleys, and in less than three hours I was raised and placed into the machine and tied up tightly in it. Fifteen hundred of the Emperor's largest horses, each about four and a half inches high, pulled me towards the city. All this I was later told, for while the whole thing was happening I lay in a deep sleep, caused by a sleeping drug put into the wine I had drunk.

pomocą innych znaków dał mi też do zrozumienia, że będę miał pod dostatkiem pożywienia i będę bardzo dobrze traktowany.

Pięciuset cieśli i inżynierów przystąpiło do kon-
struowania największego pojazdu, jaki byli w stanie
zrobić, aby zawieźć mnie do miasta. Była to drewnia-
na platforma umieszczona na wysokości trzech cali
nad ziemią, długa na jakieś siedem stóp i szeroka na
cztery, poruszająca się na dwudziestu dwóch kołach.
Sprowadzono dziewięciuset najsilniejszych ludzi,
aby wciągnąć mnie tam za pomocą lin i bloczków,
i w niespełna trzy godziny leżałem mocno przywią-
zany do machiny. Tysiąc pięćset największych koni
cesarza, każdy mierzący około czterech i pół cala, za-
ciągnęło mnie do miasta. Wszystko to opowiedziano
mi później, gdyż kiedy to się działo, pogrążony byłem w głębokim śnie za sprawą środka nasennego
dodanego do wina, które wcześniej wypiłem.

II. THE WAR AGAINST BLEFUSCU

Near the Emperor's palace was an ancient temple, the largest in the whole kingdom. It was decided that I would live there. The King's workers put four hundred chains through a window of the temple, like those that hang from a lady's watch in Europe, which were locked around my left leg with fifty padlocks.

Over a hundred thousand inhabitants came to see me, and about ten thousand of them climbed

II. WOJNA Z BLEFUSKU

W pobliżu pałacu cesarza znajdowała się starożytna świątynia, największa w całym królestwie. Zdecydowano, że tam zamieszkam. Królewscy robotnicy przeciągnęli przez okno świątyni czterysta łańcuchów, podobnych do łańcuszków wiszących przy zegarkach europejskich kobiet, po czym zamknięto je wokół mojej lewej nogi na pięćdziesiąt kłódek.

Ponad sto tysięcy mieszkańców przyszło mnie zobaczyć, a jakieś dziesięć tysięcy z nich wspięło

up onto my body with the help of ladders. But a law was soon made by the Emperor to forbid this.

When the workmen decided that the chains were strong enough, and that it was impossible for me to escape, they cut all the strings that tied me down.

I stood up, feeling very sad. The chains that held my left leg only allowed me to walk backwards and forwards a little bit and to crawl into the temple and lie down when I wanted to sleep.

Then the Emperor came to visit me. He was a handsome, elegant man, slightly taller than the rest of the people – almost as tall as my middle finger. He tried for three hours to speak with me, and though I spoke to him in all the languages I knew, we could not understand each other.

After he left, some strong guards stayed near me to protect me from the crowds of people. They all came as close to me as they could, and some of them shot their arrows at me as I sat on the ground by the door of my house. But the guards ordered six of the bandits to be seized and decided that the best punishment for them was to be put, tied up, into my hands.

I put five of them into my coat pocket and made a face at the sixth as if I wanted to eat him alive. The poor man was terrified, and the army and guards were afraid, especially when they saw me

się po drabinach na moje ciało. Wkrótce jednak cesarz wydał dekret zabraniający tego.

Kiedy robotnicy uznali, że łańcuchy są wystarczająco mocne i że nie będę mógł uciec, odcięli wszystkie krępujące mnie sznurki.

Wstałem, przepełniony smutkiem. Łańcuchy przytrzymujące moją lewą nogę pozwalały przemieszczać się jedynie nieco do tyłu lub do przodu oraz wczołgać się do świątyni i położyć tam, kiedy zechce mi się spać.

W końcu przyszedł do mnie z wizytą cesarz. Był przystojnym, eleganckim mężczyzną, odrobinę wyższym niż pozostali – prawie tak dużym, jak mój środkowy palec. Przez trzy godziny próbował ze mną porozmawiać i chociaż mówiłem do niego we wszystkich znanych mi językach, nie mogliśmy się porozumieć.

Kiedy wyszedł, nieopodal ustawili się strażnicy, aby chronić mnie przed tłumem ludzi. Wszyscy podchodzili tak blisko, jak mogli, a niektórzy wystrzeliwali do mnie strzały, gdy siedziałem na ziemi u drzwi mojego domu. Ale straż nakazała pojmać sześciu przestępców i zdecydowano, że najlepszą karą będzie przekazanie ich związanych w moje ręce.

Pięciu z nich wsadziłem do kieszeni płaszcza, a do szóstego zrobiłem minę, jakbym chciał go pożreć żywcem. Biedaczysko przeraził się, bali się też żołnierze i strażnicy, szczególnie gdy zobaczyli, że

take out my penknife. But they felt relieved when I cut the strings the man was tied up with, set him gently on the ground, and he ran away. I treated the rest in the same way, and I saw that the soldiers and the people were very pleased by my kindness.

The Emperor spent a lot of time talking about me with the wise men of his court. They discussed what could happen if I broke loose, and that feeding me would be very expensive and might cause a famine in the land. Sometimes they decided to starve me, or at least to shoot me with poisoned arrows, which would kill me, but they considered that the smell of so large a dead body might produce sickness in the kingdom.

In the middle of these discussions, several officers of the army went to the Emperor and described my recent behaviour towards the six criminals, which made a very good impression on the Emperor. He said that every morning all villages in the kingdom had to deliver forty sheep, thirty oxen and other food for my meals, as well as a large quantity of bread, wine and water. He also ordered six hundred people to serve me, who lived in tents built on each side of my door. Six of the greatest scholars of the country were ordered to teach me their language.

In about three weeks I had made great progress in learning their language. The Emperor was very pleased and often came to talk with me. The first thing

wyciągam scyzoryk. Odetchnęli jednak z ulgą, kiedy rozciąłem sznury, którymi człowieczek był związany i delikatnie postawiłem go na ziemi, a ten natychmiast uciekł. W ten sam sposób obszedłem się z pozostałymi, widziałem bowiem, że żołnierzom i ludziom bardzo się spodobała moja życzliwość.

Cesarz spędził wiele czasu debatując o mnie z nadwornymi mędrcami. Dyskutowali o tym, co się stanie, jeżeli uwolnię się z uwięzi, że karmienie mnie będzie bardzo kosztowne i może spowodować głód w państwie. Raz zdecydowali, żeby mnie zagłodzić, lub przynajmniej ostrzelać zatrutymi strzałami, co by mnie zabiło, ale uznali, że smród tak dużego martwego ciała mógłby wywołać w królestwie zarazę.

W trakcie tych obrad kilku oficerów armii udało się do cesarza i opisali moje zachowanie wobec sześciu przestępców, co wywarło bardzo dobre wrażenie na cesarzu. Ten rozkazał, by co rano wszystkie wioski w królestwie dostarczały czterdzieści owiec, trzydzieści wołów i wszelkiego innego pożywienia na moje posiłki, a także wielkie ilości chleba, wina i wody. Zarządził także, aby usługiwało mi sześciuset ludzi, którzy zamieszkali w namiotach rozstawionych po obu stronach moich drzwi. Sześciu najznakomitszym w całym kraju profesorom rozkazano nauczyć mnie ich języka.

Po około trzech tygodniach zrobiłem już znaczny postęp w nauce. Cesarz był bardzo rad i często przychodził porozmawiać ze mną. Pierwszą sprawą,

I managed to communicate to him was my desire to be free, which I repeated every day on my knees. His answer, as well as I could understand it, was that he needed some time to think about it, and that I must first promise peace with him and his kingdom.

My gentleness and behaviour had made such a good impression on the Emperor, and upon the people in general, that I began to hope that I would receive my freedom in a short time. The people slowly became less afraid of me, and I sometimes lay down and let five or six of them dance on my hand. And the children liked to play hide and seek in my hair.

jaką zdołałem mu przekazać, było moje pragnienie wolności, co powtarzałem codziennie na kolanach. Odpowiadał, na ile mogłem zrozumieć, że potrzebuje czasu, aby to przemyśleć, i że najpierw muszę zawrzeć pokój z nim i jego królestwem.

Moja łagodność i zachowanie wywarły tak dobre wrażenie na cesarzu i wszystkich ludziach, że nabierałem nadziei, iż niedługo odzyskam wolność. Ludzie stopniowo coraz mniej się mnie bali, a ja czasem kładłem się i pozwalałem pięciu czy sześciu spośród nich tańczyć mi na dłoni. Dzieci zaś lubiły bawić się w chowanego w moich włosach.

I asked for my freedom so many times that the Emperor eventually sent a messenger to me to inform me that it would be given to me only on certain conditions. The messenger read this out to me:

First, the Man-Mountain may not leave our kingdom without our permission.

Second, he may not enter the city without our order; at which time the inhabitants will have two hours of warning to stay inside their homes.

Third, as the Man-Mountain walks along our roads, he will be very careful not to step upon any people, their horses or carriages, nor take any people into his hands without their agreement.

Fourth, he must be our ally against our enemies on the Island of Blefuscu and do everything possible to destroy their ships, which are now preparing to attack us.

In exchange for keeping all of the above promises, the Emperor stated that I would receive meat and drink every day.

I promised to follow these requests, and my chains were immediately unlocked, and I was free.

One morning, about two weeks after I had been set free, Reldresal, a member of the Emperor's court, came to my house.

He asked if he could speak with me for about an hour or so. I offered to lie down so that he could

Tak wiele razy prosiłem cesarza o wolność, że w końcu wysłał do mnie posłańca z wiadomością, że będzie mi ona darowana jedynie pod pewnymi warunkami. Posłaniec odczytał mi je na głos:

Po pierwsze, Człowiek-Góra nie opuści królestwa bez naszej zgody.

Po drugie, nie wolno mu wchodzić do miasta bez naszego rozkazu, a na ten czas mieszkańcy będą ostrzegani, aby przez dwie godziny pozostać w domach.

Po trzecie, spacerując po ulicach Człowiek-Góra będzie bardzo ostrożny, aby nie podeptać ludzi, koni ani powozów, ani nie będzie nikogo brał do rąk bez jego zgody.

Po czwarte, musi być naszym sprzymierzeńcem przeciwko naszym wrogom z wyspy Blefusku i ma zrobić wszystko, co możliwe, aby zniszczyć ich okręty, przygotowujące się aktualnie do zaatakowania naszego kraju.

Cesarz potwierdził, iż w zamian za dotrzymanie wszystkich powyższych obietnic codziennie otrzymam mięso i picie.

Obiecałem przestrzegać tych żądań, natychmiast rozkuto łańcuchy i byłem wolny.

Pewnego ranka, jakieś dwa tygodnie po moim uwolnieniu, do mojego domu przyszedł Reldresal, członek dworu cesarza.

Spytał, czy możemy porozmawiać z godzinkę. Zaproponowałem, że się położę, aby mógł

easily reach my ear, but he chose rather to let me hold him in my hand during our conversation.

He began by congratulating me on my freedom, but then added that if it had not been for the present situation in the country, perhaps I might not have received it so soon.

"For there is the danger of an invasion by a very powerful enemy," he explained. "The land of Lilliput is threatened with an invasion from the Island of Blefuscu, which is the other great empire in the world, almost as large and powerful as this one. The great difference between the people of Lilliput and Blefuscu is which end of an egg we should break before we eat it. In Lilliput we break our eggs at the small end; in Blefuscu they break their eggs at the big end. A bloody war has continued between the two empires for a long time because of this, during which time we have lost forty ships and thirty thousand of our best sailors and soldiers. Now the enemy has prepared a large group of ships to attack us, and the Emperor, believing in your courage and strength, has commanded me to explain this problem to you."

I asked Reldresal to tell the Emperor that I was ready to defend his kingdom against all invaders.

The Empire of Blefuscu is separated from Lilliput by water. I walked towards the coast across from Blefuscu, and, lying down behind a hill, took out my small telescope. I saw the enemy's ships sitting in the harbour – about fifty of them.

z łatwością dosięgnąć do mojego ucha, ale wolał, żebym raczej trzymał go w ręce podczas rozmowy.

Najpierw pogratulował mi wolności, dodał jednak, że gdyby nie aktualna sytuacja w kraju, być może nie otrzymałbym jej tak szybko.

– Istnieje bowiem niebezpieczeństwo najazdu potężnego wroga – wyjaśnił. – Kraina Liliputów jest zagrożona inwazją ze strony Wyspy Blefusku, będącej drugim potężnym imperium na świecie, prawie tak dużym i silnym jak my. Spór między mieszkańcami Krainy Liliputów a Blefusku dotyczy tego, którą stronę jajka należy rozbić, aby je zjeść. W państwie Liliputów rozbijamy jajka z cieńszej strony; w Blefusku zaś – od grubszej. Krwawa wojna na tym tle między dwoma cesarstwami trwa od dawna, w tym czasie straciliśmy czterdzieści statków i trzydzieści tysięcy najlepszych marynarzy i żołnierzy. Teraz wróg przygotował wielką flotę przeciwko nam, a cesarz, zawierzając twojej odwadze i sile, przykazał, abym przedstawił ci tę sprawę.

Poprosiłem Reldresala, żeby przekazał cesarzowi, iż jestem gotów bronić jego królestwa przed wszelkimi najeźdźcami.

Cesarstwo Blefusku od Krainy Liliputów oddzielone jest wodą. Poszedłem na wybrzeże od strony Blefusku i leżąc za wzgórzem, wyciągnąłem moją małą lunetę. Ujrzałem okręty wroga stacjonujące w porcie – było ich około pięćdziesięciu.

I then returned to my house and asked for a great quantity of the strongest cable and bars of iron. The cable was about as thick as the string used in England to tie up packages, and the bars were the size of knitting needles. I braided the cables to make them stronger, and twisted the iron bars together, making hooks. After attaching fifty hooks to the cables, I went back to the coast.

I took off my coat, shoes and socks and walked into the sea. I walked most of the way and swam in the middle where it was deeper.

The people of Blefuscu were so frightened when they saw me, that they jumped out of their ships and swam to the shore.

I took the cables with the iron hooks on the ends, and attached a hook to the end of each ship, and then I tied all the cables together.

While I was doing this, the enemy shot several thousand arrows at me, many of which stuck in my hands and face. They hurt badly and made my work difficult.

When all the hooks were attached, I took the cables in my hand and began to pull. I easily pulled all fifty of the enemy's largest warships after me as I swam back through the water to Lilliput.

When the inhabitants of Blefuscu saw me begin to pull their ships away, they screamed with grief and despair.

I pulled the ships through the water and arrived safely at the royal port of Lilliput.

Wróciłem do domu i poprosiłem o dużo jak naj-
mocniejszych stalowych lin i o żelazne pręty. Lina
była tej grubości co sznurki używane w Europie do
wiązania paczek, a pręty były wielkości drutów do
robótek ręcznych. Splotłem liny tak, aby je wzmoc-
nić i skręciłem pręty razem, robiąc z nich haki.
Przymocowawszy pięćdziesiąt haków do lin, udałem się z powrotem na brzeg.

Zdjąłem płaszcz, buty oraz skarpety i wszedłem do
morza. Większość drogi przeszedłem i dopiero na
środku, gdzie było nieco głębiej, zacząłem płynąć.

Mieszkańcy Blefusku tak się przerazili na mój
widok, że wyskoczyli ze statków i popłynęli do
brzegu.

Wziąłem liny z żelaznymi hakami na końcach
i zamocowałem hak do każdego okrętu, a potem
związałem razem wszystkie liny.

Gdy byłem tym zajęty, wróg ostrzelał mnie kilko-
ma tysiącami strzał, wiele z nich utknęło mi w rę-
kach i twarzy. Było to bolesne i utrudniało pracę.

Kiedy wszystkie haki były umocowane, ująłem
liny mocno w dłoń i pociągnąłem. Z łatwością wio-
dłem teraz za sobą pięćdziesiąt największych wo-
jennych okrętów wroga, płynąc z powrotem przez
wody Krainy Liliputów.

Widząc, jak odciągam ich statki, mieszkańcy Blefusku krzyczeli ze smutku i rozpaczy.

Przeciągnąłem flotę przez wodę i bezpiecznie dotarłem do królewskiego portu Liliputów.

III. FIRE IN THE PALACE

The Emperor and the inhabitants of Lilliput were excited to see me arrive in the port with all of their enemy's warships pulled behind me. The Emperor gave me the title of Nardac, which is the highest title of honour among them.

Soon after this, however, the Emperor informed me that he would like me to bring all the rest of his enemy's ships into his port.

III. POŻAR W PAŁACU

Cesarz i mieszkańcy Krainy Liliputów nie posiadali się z radości widząc mnie w porcie, jak ciągnąłem za sobą wszystkie okręty wojenne nieprzyjaciela. Cesarz przyznał mi tytuł Nardaca, co było tu najwyższym tytułem honorowym.

Wkrótce potem cesarz poinformował mnie jednak, że chciałby, abym sprowadził do jego portu wszystkie pozostałe statki wroga.

He seemed to want to make the whole empire of Blefuscu into a part of Lilliput, to destroy all the Big-Endians (as the people of Blefuscu were called), and to force people to break the smaller end of their eggs, by which he would be the only emperor of the whole world.

I attempted to change his mind about this and protested that I did not wish to bring free people into slavery.

This decision of mine was so opposite to the plans and desires of the Emperor that he could never forgive it. He mentioned it to his council, where some men, who were my secret enemies, agreed with his statements.

A while later, I was awoken at midnight by the cries of many people at my door. The people begged me to come immediately to the palace, where the Empress's apartment was on fire.

I walked quickly to the palace, careful not to step on any people.

Ladders had already been put against the walls, and the people were using buckets full of water to try to put out the fire. But the water was far away, and the buckets were too small.

The situation seemed hopeless, and this magnificent palace would definitely have burned down to the ground if I had not suddenly had an excellent idea.

The evening before I had drunk a lot of wine, and I had not released any of it yet. The wine

Wydawało się, iż chce, aby całe Blefusku stało się częścią Krainy Liliputów, pragnie pokonać wszystkich Wielko-Stronnych (jak nazywano lud z Blefusku), i zmusić ich, aby rozbijali jajka z cieńszego końca, przez co sam zostałby jedynym władcą świata.

Starałem się wpłynąć na niego, aby zmienił zdanie i protestowałem, nie chcąc czynić z ludzi wolnych niewolników.

Moja decyzja była tak sprzeczna z jego zamierzeniami i pragnieniami, że nigdy nie mógł mi tego wybaczyć. Wspomniał o tym swej Radzie i niektórzy jej członkowie, moi skryci wrogowie, zgodzili się z nim.

Jakiś czas później zbudziły mnie w środku nocy krzyki pod moimi drzwiami. Ludzie błagali, abym natychmiast przybył do pałacu, w którym płonęła komnata jej cesarskiej mości.

Szybko się tam udałem, uważając, aby nikogo nie nadepnąć.

Drabiny były już przystawione do murów i ludzie za pomocą wiader z wodą próbowali ugasić pożar. Jednak do wody było daleko, a wiadra były zbyt małe.

Sytuacja wydawała się beznadziejna i ten okazały pałac zapewne spłonąłby doszczętnie, gdybym nie wpadł nagle na genialny pomysł.

Poprzedniego wieczoru wypiłem sporo wina i jeszcze się go nie pozbyłem. Wino

had produced a large amount of urine, which I released in such a quantity and applied so well to the proper places, that in three minutes the fire was completely put out, and the beautiful palace saved from destruction.

I returned home, sure that the Emperor and his wife would be very thankful to me for what I had done. But I was wrong. I learned a short time later that the Empress was extremely unhappy, and that in Lilliput it was considered a crime to make water anywhere near the palace. The Empress believed her apartment was now so dirty that she refused to live there in the future.

It was soon after this adventure that I received a visit from a member of the Emperor's court who had become a good friend of mine. He came to my house at night, alone.

Because of the great respect he had for me, he wished to warn me of a private plan which had been forming for two months against me at court.

He told me that it had been started by Flimnap, the Emperor's High Treasurer, who had for a long time been unfriendly to me. He had lately managed to convince the Emperor that the great amount of food I required was costing the empire a fortune. He told the Emperor that I would destroy the empire if the Emperor did not dismiss me.

spowodowało wytworzenie dużej ilości moczu, który uwolniłem w takiej ilości i zaaplikowałem w tak stosownych miejscach, że w ciągu trzech minut ogień został całkowicie ugaszony, a piękny pałac ocalał od zniszczenia.

Wróciłem do domu przekonany, że cesarz i jego żona będą głęboko wdzięczni za to, co zrobiłem. Ale myliłem się. Wkrótce dowiedziałem się, że cesarzowa była bardzo niezadowolona i że w krainie Liliputów oddawanie moczu gdziekolwiek w pobliżu pałacu było przestępstwem. Cesarzowa uznała swoją komnatę za tak zbrukaną, iż na przyszłość odmówiła mieszkania tam.

Niedługo po tym zdarzeniu złożył mi wizytę członek dworu królewskiego, mój bliski przyjaciel. Odwiedził mnie nocą, sam.

Ze względu na wielki szacunek, jakim mnie darzył, chciał mnie ostrzec o tajemnym planie, który od dwóch miesięcy przygotowywano przeciwko mnie na dworze.

Wyjawił mi, że wszystko zaczęło się od Flimnapa, cesarskiego naczelnego skarbnika, który od dawna odnosił się do mnie nieprzyjaźnie. Ostatnio udało mu się przekonać cesarza, że potrzebne mi wielkie ilości pożywienia kosztują państwo fortunę. Powiedział cesarzowi, że doprowadzę kraj do upadku, jeżeli się mnie nie pozbędzie.

My friend who had come to see me informed
me that the Treasurer's opinion was supported
by Skyresh Bolgolam, the High Admiral, who had
been my enemy since my great success against
Blefuscu, because his glory as the military com-
mander was diminished. This man, together with
Flimnap the High Treasurer, had made charges
against me of treason and other serious crimes.

Mój gość oznajmił też, że zdanie skarbnika podziela Skyresh Bolgolam, naczelny admirał, będący mym wrogim od czasu wielkiego sukcesu, jaki odniosłem walcząc przeciwko Blefusku, podkopując tym samym jego sławę przywódcy wojskowego. Człowiek ten, razem z naczelnym skarbnikiem Flimnapem, oskarżał mnie o zdradę i inne poważne przestępstwa.

My friend read a copy of the document to me that my enemies had prepared. It said that I was guilty of making water within the grounds of the royal palace – a very serious crime – and that after bringing the warships of Blefuscu into the royal port, I had been commanded by the Emperor to seize all the other ships of Blefuscu and kill all the Big-Endians, but that I had refused to obey this command.

My friend told me that during the discussions about me, the Emperor often defended me, reminding the court of the good things I had done for him, but the Treasurer and the Admiral insisted that I should be killed by setting fire to my house at night or with poisoned arrows shot by twenty thousand men.

The Emperor, being against such a cruel and painful method of punishment, wished for some other method to be used. He decided that a gentler way would be to slowly decrease the amount of food given to me, so that I would grow weak with hunger and die in a few months. Immediately after my death, five or six thousand Lilliputians might, in two or three days, cut the flesh from my bones, take it away in carts, and bury it somewhere far away, leaving the skeleton as a monument for the future.

After warning me about this, my friend had to return home as secretly as he had come.

Mój przyjaciel przeczytał mi kopię dokumentu sporządzonego przez moich wrogów. Stwierdzał on, że jestem obwiniony o oddanie moczu na terenie pałacu królewskiego – a to bardzo poważna zbrodnia – oraz o to, że gdy sprowadziłem okręty wojenne Blefusku do portu, a cesarz rozkazał zająć pozostałe statki Blefusku i zabić wszystkich Wielko-Stronnych, odmówiłem wykonania tego rozkazu.

Przyjaciel rzekł, że w trakcie debaty nade mną, cesarz często stawał w mojej obronie, przypominając dworowi wszystkie zasługi względem niego, ale skarbnik i admirał upierali się, że należy mnie zabić, podkładając nocą ogień w mym domu albo też za pomocą zatrutych strzał wystrzelonych przez dwadzieścia tysięcy mężczyzn.

Cesarz, przeciwny tak okrutnym i bolesnym karom, chciał zastosowania innych metod. Zdecydował, że łagodniejszym sposobem będzie powolne zmniejszanie ilości mojego pożywienia, tak abym słabnąc z głodu, zmarł po kilku miesiącach. Bezzwłocznie po mojej śmierci pięć lub sześć tysięcy Liliputów mogłoby w ciągu dwóch czy trzech dni odciąć mięso od moich kości, wywieźć wozami i zakopać gdzieś daleko, pozostawiając na zawsze szkielet jako pomnik.

Ostrzegłszy mnie, mój przyjaciel musiał wracać do domu, zachowując takie same środki ostrożności, jak w drodze do mnie.

I remained alone, feeling very frightened.

I thought constantly about what I should do. It occurred to me that I was so large compared to the Lilliput population that I would surely win if I attacked them, and I might easily throw stones at the city and destroy it entirely, but I soon rejected this idea with horror, remembering the promise of peace I had made to the Emperor long ago, and the favours I had received from him, and the high title of Nardac he had given me.

I decided that the only option remaining was to try to escape from Lilliput and return to England.

Since I was free now to walk around as I pleased, I began to take daily walks to the beach and look out at the sea. I remained in a friendly and cheerful mood at all times, so that no one would be suspicious, though I was very unhappy within myself.

It was during one of these walks along the coast that I suddenly noticed, to my great surprise and joy, something that looked like a boat overturned in the sea. I took off my shoes and socks and went out to it and then saw that it was a real boat, which must have been driven away from a ship by a storm. It was in very good condition and not damaged.

I set sail in this boat on the 24th of September, 1701, very early in the morning, careful not to

Zostałem sam, przerażony.

Bez przerwy myślałem, co powinienem zrobić. Przyszło mi do głowy, że jestem tak duży w porównaniu z populacją Liliputów, iż z pewnością zwyciężyłbym, gdybym ich zaatakował; z łatwością mógłbym zarzucić miasto kamieniami i całkiem je zniszczyć, szybko jednak odrzuciłem ten pomysł ze zgrozą, pamiętając o złożonej cesarzowi dawno temu obietnicy pokoju i o wyświadczonych mi łaskach oraz o najwyższym tytule Nardaca, jakim mnie obdarzył.

Uznałem, że pozostaje jedynie spróbować ucieczki z Krainy Liliputów i wrócić do Anglii.

Ponieważ byłem wolny i mogłem chodzić, gdzie mi się podobało, codziennie udawałem się na plażę i spoglądałem w morze. Cały czas zachowywałem przyjacielski i radosny nastrój, aby nie wzbudzić niczyich podejrzeń, mimo iż w głębi serca byłem bardzo nieszczęśliwy.

Podczas jednego z tych spacerów wzdłuż wybrzeża, dostrzegłem nagle, ku memu zdziwieniu i radości, coś co wyglądało jak przewrócona w morzu łódź. Zdjąłem buty i skarpetki, poszedłem ku niej i zobaczyłem, że była to prawdziwa łódka, którą zapewne sztorm porwał ze statku. Była w bardzo dobrym stanie, nieuszkodzona.

Wyruszyłem tą łodzią w podróż 24 września 1701 roku, bardzo wcześnie rano, uważając,

let anyone see me leave. Two days later I saw a ship's sail on the horizon. By late evening I came up next to the ship and saw that it was English. It's not easy for me to describe the joy I felt with the hope of once again seeing my beloved country.

It was an English merchant ship returning to England from Japan through the South Seas, and the ship's crew welcomed me on board. We arrived in England on the 13th of April, 1702.

During the journey I tried to describe the land of Lilliput from which I had just come, but the captain and crew, when listening to my descriptions, thought I was crazy, and that the dangers I had experienced had disturbed my head.

aby nikt nie zobaczył, że opuszczam wyspę. Dwa dni później na horyzoncie zobaczyłem żagiel statku. Późnym wieczorem dopłynąłem w jego pobliże i ujrzałem, że to angielski okręt. Nie łatwo mi opisać radość, jaką poczułem na myśl, że znów zobaczę mój ukochany kraj.

Był to angielski statek handlowy, powracający do Anglii z Japonii przez Morza Południowe; załoga serdecznie powitała mnie na pokładzie. Dopłynęliśmy do Anglii 13 kwietnia 1702 roku.

Podczas podróży usiłowałem opisać kraj Liliputów, z którego właśnie powracałem, ale kapitan i członkowie załogi, słysząc moje opowieści, pomyśleli, że zwariowałem i że niebezpieczeństwa, jakich doświadczyłem, zaszkodziły mojej głowie.

IV. A VOYAGE TO BROBDINGNAG

Being an active and restless person, only two months after my return to England I left again, for I wished to see foreign countries. I sailed away on a ship headed for India.

The voyage was good until we passed Madagascar, when some strong winds began to blow, continuing for twenty days. We were carried very far to the east, until the oldest sailor on board could not tell what part of the world we were in.

IV. PODRÓŻ DO BROBDINGNAG

Będąc człowiekiem aktywnym i niespokoj-nego ducha, niespełna dwa miesiące po powrocie do Anglii znów wyruszyłem w podróż, chcąc zwiedzić obce kraje. Wypłynąłem na statku zmierzającym do Indii.

Podróż była spokojna, dopóki nie minęliśmy Madagaskaru, kiedy to rozhulały się silne wiatry, które wiały przez dwadzieścia dni. Zniosło nas tak daleko na wschód, że najstarszy marynarz na pokładzie nie umiał powiedzieć, w jakiej części świata jesteśmy.

On the 16th of June, 1703, we discovered land. The captain sent twelve men in a boat to the land to look for fresh water to drink, which we needed. I went with them in order to see the country.

The men searched on the shore to find some fresh water near the sea, and I walked for a while alone. I soon began to feel tired, and, seeing nothing interesting, I returned slowly to where I had left the men.

To my surprise I saw that the men had already got into the boat and were rowing quickly back to the ship. I was going to shout after them to wait for me, when suddenly I noticed a huge creature walking quickly after them in the sea. He was in the water up to his knees and was taking great steps, but the monster was not able to catch the men.

Full of fear, I ran as fast as I could up a hill, from the top of which I had a view of the country. The length of the grass surprised me, for it was about twenty feet high.

I found a wide road, or so it seemed to me, passing through a field of corn. The corn was as tall as trees.

Suddenly I saw one of the inhabitants crossing from the next field into this one, the same size as the man I had seen in the sea chasing our boat. He appeared as tall as a church steeple and took about ten yards in each step. I was terrified and ran to hide in the corn.

16 lipca 1703 roku natrafiliśmy na ląd. Kapitan wysłał łodzią dwunastu ludzi w poszukiwaniu świeżej wody, której potrzebowaliśmy. Popłynąłem z nimi, żeby przyjrzeć się okolicy.

Gdy inni przeczesywali wybrzeże blisko morza w poszukiwaniu wody, ja spacerowałem przez chwilę samotnie. Szybko się zmęczyłem i nie widząc nic ciekawego, powoli wróciłem tam, gdzie zostawiłem towarzyszy.

Ku mojemu zdziwieniu zobaczyłem, że już wsiedli do łódki i wiosłowali szybko w stronę statku. Właśnie miałem krzyknąć, aby na mnie poczekali, gdy wtem dostrzegłem w morzu wielkie stworzenie idące za nimi. Woda sięgała potworowi do kolan i sadził wielkimi krokami, ale nie zdołał ich złapać.

Wystraszony wbiegłem najszybciej, jak mogłem na szczyt wzgórza, z którego miałem widok na całą okolicę. Zaskoczyła mnie długość trawy, sięgającej jakichś dwudziestu stóp.

Dostrzegłem szeroką drogę, przynajmniej tak mi się zdawało, biegnącą przez pole pszenicy. A pszenica była wysoka jak drzewa.

Nagle zobaczyłem jednego z mieszkańców przechodzącego z sąsiedniego pola, tak dużego jak człowiek, którego widziałem w morzu goniącego naszą łódź. Wydawał się wysoki jak wieża kościelna, a z każdym krokiem pokonywał jakieś dziesięć jardów. Byłem przerażony i pobiegłem schować się w pszenicy.

I saw him turn his head to look behind him and call out in a voice as loud as thunder, after which seven monsters like him came towards him with scythes in their hands. These people weren't as well dressed as the first, and they seemed to be his workers. He spoke some words to them, and then they went to cut the corn in the field where I was. I stayed as far away from them as I could, but their steps were so huge that it was nearly impossible to stay very far ahead of them as they cut the corn.

Soon they were very close behind me. Exhausted, full of grief and despair, I lay down in the dirt and believed that I would end my days there. I sadly thought about my wife in England who would soon become a widow, and my children fatherless. I regretted my own foolishness in attempting a second voyage against the advice of all my friends and family. I thought of Lilliput, whose inhabitants thought of me as the greatest being in the world, where I was able to capture a whole kingdom's warships in my hand and do lots of other things that would be recorded forever in the history books of that empire. I thought about how humiliating it would be for me to appear as unimportant in this nation as one single Lilliputian would be among us in England.

One of the workers came very close to where I lay, and I was sure that with his next step I would be killed under his foot. When he was about to move again, I screamed as loudly as I could.

Widziałem, jak odwraca głowę, aby spojrzeć za siebie i krzyknąć głosem donośnym jak grzmot, po czym siedem podobnych mu potworów podeszło do niego z kosami w ręku. Ludzie ci nie byli tak dobrze ubrani jak on, wyglądali na jego parobków. Powiedział do nich kilka słów i ci poszli żąć zboże na polu, na którym byłem. Trzymałem się jak najdalej od nich, ale ich kroki były tak olbrzymie, że pozostawanie daleko przed nimi, kiedy kosili pszenicę, było prawie niemożliwe.

Wkrótce byli tuż za mną. Wyczerpany, przepełniony bólem i rozpaczą, ległem w błocie spodziewając się, że tu dokonam żywota. Ze smutkiem pomyślałem o mojej żonie w Anglii, która wkrótce zostanie wdową, i moich osieroconych dzieciach. Żałowałem własnej głupoty, która pchnęła mnie w tę drugą podróż, wbrew przyjaciołom i rodzinie. Pomyślałem o krainie Liliputów, której mieszkańcy uważali mnie za największą istotę na świecie, gdzie mogłem zmieścić w dłoni całą królewską flotę i dokonać wielu innych czynów, które na zawsze pozostaną w kronikach tego cesarstwa. Pomyślałem, jak upokarzające dla mnie będzie pojawienie się pośród tych ludzi jako ktoś tak mało ważny; tyle będę znaczył, co jeden Liliput znaczyłby u nas, w Anglii.

Jeden z parobków podszedł bardzo blisko miejsca, gdzie leżałem i byłem pewien, że jeszcze jeden krok i zginę pod jego stopą. Gdy miał wykonać kolejny ruch, krzyknąłem najgłośniej, jak mogłem.

The huge creature stopped, looked around for a moment, and then noticed me as I lay on the ground. He picked me up between his finger and thumb and held me up to his eyes. I tried not to move as he held me in the air about sixty feet from the ground, although he painfully pinched my sides. I placed my hands together and spoke some words in a quiet and gentle tone, for I feared that at any moment he would throw me onto the ground, as we usually do with any little horrible creature.

But I was lucky; he seemed to like my voice and gestures and looked at me with curiosity, amazed that I was speaking, although he could not understand me. He put me gently into a coat pocket and immediately ran with me to his master, the man I had first seen in the field.

The farmer looked at me carefully. He put me softly on the ground, and I walked slowly back and forth to let the people know I did not want to run away. I took off my hat and bowed to the farmer.

He tried to speak to me, but I couldn't understand anything he said. I answered as loudly as I could, in several languages, and he often lay down and put his ear close to me, but without success. We couldn't understand each other.

He put me in his pocket and carried me home to his house. He called his wife, and showed me to her, but

Wielkolud zatrzymał się, przez chwilę rozglądał się dookoła i w końcu dostrzegł mnie leżącego na ziemi. Podniósł mnie, chwytając pomiędzy kciuk i palec, i uniósł na wysokość oczu. Próbowałem nie ruszać się, gdy trzymał mnie w powietrzu około sześćdziesięciu stóp nad ziemią, mimo że boleśnie ściskał mi boki. Złożyłem razem dłonie i wypowiedziałem kilka słów cichym i pokornym głosem, bałem się bowiem, że w każdej chwili może mnie wyrzucić na ziemię, jak to zwykliśmy czynić z takimi małymi paskudnymi stworzonkami.

Ale miałem szczęście; zdaje się, że spodobał mu się mój głos i moje gesty, patrzył więc na mnie z zaciekawieniem, zdziwiony, że mówię, choć mnie nie rozumiał. Delikatnie włożył mnie do kieszeni kaftana i od razu pobiegł do swojego pana – mężczyzny, którego jako pierwszego zobaczyłem wtedy na polu.

Gospodarz przyjrzał mi się uważnie. Ostrożnie postawił mnie na ziemi, a ja powoli chodziłem w tył i w przód, żeby dać tym ludziom do zrozumienia, iż nie chcę uciec. Zdjąłem kapelusz i ukłoniłem się gospodarzowi.

Próbował coś do mnie powiedzieć, ale nic nie rozumiałem. Odpowiadałem tak głośno, jak umiałem, w kilku językach, a on często kładł się i przybliżał ku mnie ucho, ale wszystko na nic. Nie mogliśmy się porozumieć.

Wsadził mnie do kieszeni i zaniósł do swojego domu. Zawołał żonę i pokazał mnie jej, ale

she screamed and jumped back, as women in England do at the sight of a toad or a spider. However,
when she had watched my behaviour for a while
and seen how polite and friendly I was towards
her and her husband, she was no longer afraid and
even began to like me.

A servant brought in dinner, and the farmer and
his family sat around the table. The farmer put me
on the table, which was thirty feet from the floor.
I was terrified and stayed as far as I could from the
edge to keep from falling off. The farmer's wife

ta krzyknęła i odskoczyła do tyłu, tak jak kobiety w Anglii zwykły czynić na widok ropuchy lub pająka. Kiedy jednak przyjrzała się mi nieco dłużej, jak się zachowuję, i przekonała się, że jestem grzeczny i przyjaźnie usposobiony wobec niej i jej męża, przestała się mnie obawiać, a nawet mnie polubiła.

Służąca wniosła obiad i gospodarz wraz z rodziną zasiedli wokół stołu. Mnie zaś farmer postawił na stole, który wznosił się trzydzieści stóp ponad podłogą. Byłem przerażony i trzymałem się jak najdalej od krawędzi, aby nie spaść. Żona gospodarza

cut up a bit of meat for me and crumbled some bread and put it in front of me.

When dinner was done, the farmer went out to his fields and left his wife to take care of me. I was very tired, which the woman noticed, and she put me on her bed and covered me with a clean white handkerchief.

I slept about two hours. When I woke up, I lay for a while, resting.

Suddenly two rats crept up the curtains and ran backwards and forwards on the bed. One of them came up almost to my face, and I jumped up, frightened, and pulled out my sword to defend myself.

They attacked me on both sides, and one of them grabbed my collar with its front feet, but I stabbed my sword into its belly before it could hurt me. It fell down, and the other one, seeing what had happened to its friend, tried to escape, but I managed to cut it on the back with my sword as it ran away, making its blood flow.

These creatures were the size of wild pigs and extremely fierce. If I had not kept my belt and sword on me as I slept, I surely would have been torn to pieces and eaten. I couldn't drag the rat's body off the bed, where it still lay bleeding. It was too disgusting.

When the farmer's wife came into the room, she was shocked to see me covered in blood and quickly picked me up and held me in her hands. Then she told the maid to pick the rat up and throw it out the window.

ukroiła dla mnie kawałek mięsa oraz pokruszyła trochę chleba i położyła przede mną.

Po obiedzie gospodarz poszedł w pole, a żona została, aby się mną opiekować. Byłem bardzo zmęczony, co kobieta zauważyła, położyła mnie więc w swoim łóżku, przykrywając czystą białą chusteczką do nosa.

Przespałem ze dwie godziny. Gdy się obudziłem, leżałem przez jakiś czas, odpoczywając.

Nagle dwa szczury wdrapały się po zasłonach i biegały po łóżku w tę i we w tę. Jeden z nich podszedł mi prawie do twarzy, wtedy podskoczyłem wystraszony i wyciągnąłem szpadę, aby się obronić.

Atakowały z obu stron, jeden złapał mnie za kołnierz przednią łapą, ale wbiłem mu szpadę w brzuch, zanim zdołał mnie zranić. Padł, a drugi, widząc, co się stało z jego kompanem, próbował uciec, ale gdy biegł zdołałem ciąć go z tyłu, aż polała się krew.

Stworzenia te posiadały rozmiar dzika i były wyjątkowo zawzięte. Gdybym nie miał na sobie pasa i szpady, gdy spałem, niechybnie zostałbym rozerwany na kawałki i pożarty. Nie byłem w stanie wywlec ciała szczura z łóżka, gdzie nadal leżał, krwawiąc. Był to widok nad wyraz odrażający.

Kiedy żona farmera weszła do pokoju, zatrwożyła się, widząc mnie całego we krwi; szybko mnie podniosła i wzięła na ręce. Potem przykazała służącej zabrać szczura i wyrzucić przez okno.

V. PERFORMING FOR THE CROWD

The farmer had a nine-year-old daughter, who began to take care of me. She had a cradle for one of her dolls, and she hung this cradle inside her wardrobe for me to sleep in, to be safe from the rats.

Her name was Glumdalclitch, and she gave me the name of Grildrig. She made little clothes for me and gave me lessons every day in the language of her country. She was very kind to me,

V. WYSTĘPY DLA TŁUMÓW

Mój gospodarz miał dziewięcioletnią córeczkę, która przejęła nade mną opiekę. Dziewczynka miała dla jednej z lalek kołyskę, którą zawiesiła w szafie, abym mógł tam spać bezpieczny od szczurów.

Na imię miała Glumdalclitch, a mnie nazwała Grildrig. Szyła dla mnie maleńkie ubranka i codziennie udzielała mi lekcji swego ojczystego języka. Była dla mnie bardzo miła

and I was only able to survive in that country because of her care and affection towards me.

It now began to be known in the neighbourhood
that my master had found a strange animal in the
field, smaller than a mouse, but exactly shaped
like a human creature, which acted like a person,
seemed to speak in a little language of its own,
had already learned several words of their language, walked on two legs like a human being,
was friendly and gentle, would come when it was
called, and would do what it was asked to do.

Another farmer who lived nearby and was a good
friend of my master, came to visit in order to find
out if this story was true. I was immediately put
upon the table, where I walked as I was commanded, pulled out my sword, put it away again, bowed
to my master's guest, and asked him how he was
doing, just as Glumdalclitch had instructed me.

My master's friend was a great miser, which was
later proven by the terrible advice he gave my
master: to show me as a sight on a market-day in
the next town.

Glumdalclitch, my little nurse, told me about
it. She held me close and cried sadly, for she was
afraid something bad would happen to me. And
she thought it would be humiliating for me to be
shown to the public for money.

She said that her mother and father had promised
that I would be hers. But now they were treating

i przetrwałem tam tylko dzięki jej opiece i przy-
wiązaniu do mnie.

Powoli w sąsiedztwie rozeszła się wieść, że mój
pan znalazł w polu dziwne zwierzątko, mniejsze
od myszy, ale mające ludzki kształt, które zacho-
wywało się jak człowiek, zdawało się mówić własnym językiem, a nawet nauczyło się kilku słów
w ich języku, chodziło na dwóch nogach, jak ludzie, było przyjazne i uprzejme, przychodziło na
zawołanie i robiło to, o co je poproszono.

Mieszkający nieopodal farmer, dobry przyjaciel mojego pana, przyszedł z wizytą, aby spraw-
dzić, czy to prawda. Natychmiast postawiono
mnie na stole, po którym chodziłem, jak mi
przykazano, wyciągałem szpadę i odkładałem
ją, kłaniałem się gościowi mojego pana i pyta-
łem, jak się miewa, dokładnie tak, jak pouczyła
mnie Glumdalclitch.

Znajomy mojego pana był strasznym skąpcem,
czego potwierdzeniem był rada, jakiej później
udzielił memu panu: aby wystawić mnie jako
atrakcję w dzień targowy w sąsiednim mieście.

Powiedziała mi o tym moja mała opiekunka,
Glumdalclitch. Mocno mnie objęła i smutno za-
płakała, bojąc się, że coś złego może mnie spotkać. Uważała też, że wystawienie za pieniądze
na publiczny widok będzie dla mnie poniżające.

Powiedziała, że matka i ojciec obiecali jej, że
będę należeć do niej. Teraz jednak potraktowali

her like they had the year before when they had
given her a lamb – as soon as it was fat, they sold it
to a butcher.

My master, following the advice of his friend,
took me in a box the next market-day to the
neighbouring town, along with his daughter. The
box had a little door in one side for me to go in
and out, and a few holes in the top to let in air.

We stopped at an inn, and I was placed upon
a table in the largest room. My nurse stood on
a stool near the table to take care of me and tell
me what to do. My master allowed only thirty
people at a time to see me.

I walked around on the table as the girl commanded. She asked me questions with words she
knew I understood, and I answered in as loud
a voice as possible. I turned around to the whole
crowd, bowed to them and made some speech-
es I had been taught. I took out my sword and
moved it about in the air and drank some wine
out of a small cup.

That day I was shown to twelve different groups
of people, always going through the same ac-
tions, till I was nearly dead from tiredness. Those
who had seen me gave such wonderful reports
about me to the rest of the people in the town,
that crowds were nearly breaking down the doors
to come in.

My master announced publicly that he would

ją tak, jak przed rokiem, kiedy to podarowali jej jagnię, a gdy tylko przybrało na wadze, sprzedali je rzeźnikowi.

W najbliższy dzień targowy mój pan, za radą swego znajomego, zabrał mnie w pudełku do sąsiedniego miasta; poszła też z nami jego córka. W pudełku były z jednej strony małe drzwi, abym mógł wchodzić i wychodzić, i kilka otworów na górze, żeby wpuścić powietrze.

Zatrzymaliśmy się w gospodzie, gdzie postawiono mnie na stole w największej izbie. Moja opiekunka stała na stołku obok stołu, aby mnie pilnować i mówić, co mam robić. Pan pozwalał oglądać mnie jedynie trzydziestu osobom jednocześnie.

Chodziłem dookoła stołu tak, jak kazała mi dziewczynka. Zadawała mi pytania, używając słów, o których wiedziała, że je rozumiem, a ja odpowiadałem najgłośniej, jak to możliwe. Odwracałem się w stronę tłumu, kłaniałem się i wygłaszałem przemowy, których mnie nauczono. Wyciągałem szpadę, machałem nią w powietrzu i popijałem wino z małego kubka.

Tego dnia byłem pokazany dwunastu grupom ludzi, za każdym razem powtarzając te same czynności, aż ledwo żyłem ze zmęczenia. Ci, którzy mnie widzieli, przekazywali innym w mieście tak wspaniałe relacje, że tłumy nieomal wywarzyły drzwi, aby dostać się do środka.

Mój pan ogłosił publicznie, że znów mnie pokaże

show me again the next market-day. On the return home I was so tired after entertaining the crowds for eight hours straight that I could hardly stand or speak.

But I didn't have any rest at home, for all the neighbours from a hundred miles around, hearing about me, came to see me at my master's house. I was busy every day of the week, all day long.

podczas kolejnego targu. Po powrocie do domu byłem tak zmęczony zabawianiem tłumów przez osiem godzin bez przerwy, że ledwie mogłem stać czy mówić.

Ale w domu nie miałem ani chwili wytchnienia, bo wszyscy sąsiedzi w promieniu stu mil usłyszawszy o mnie, przybyli do mojego pana, aby mnie zobaczyć. Byłem zajęty całymi dniami, przez okrągły tydzień.

My master had discovered how much money he could make from me and decided to travel around with me to all the biggest cities of the country. Glumdalclitch came with us, carrying me in a box tied around her waist.

We spent ten weeks travelling, and I was shown in eighteen large towns. Finally we reached the capital city.

My master rented a room not far from the royal palace and sent out advertisements describing me and my tricks. I was shown ten times a day to the wonder of many people.

In a few weeks the tiring tricks I was forced to do every day made a large change in my health. The more money my master made from me, the greedier he became. I became very weak. The farmer observed it, and, concluding that I would soon die, decided to sell me to make as much money from me as he could. While he was thinking about this, a messenger came from the royal palace, commanding my master to take me there immediately to entertain the Queen. She had heard reports about my wonderful appearance and the great tricks I did.

The Queen was extremely delighted by me. She held out her little finger to me, which I held in both my arms.

She asked me some general questions about my country and my travels, which I answered as clearly as I could. She asked me if I would like to

Mój pan, odkrywszy, ile może na mnie zarobić, postanowił objechać ze mną wszystkie większe miasta w kraju. Glumdalclitch jeździła z nami, nosząc mnie w pudełku przywiązanym do pasa.

Spędziliśmy w podróży dziesięć tygodni, podczas których miałem pokazy w osiemnastu dużych miastach. W końcu dotarliśmy do stolicy.

Mój pan wynajął pokój niedaleko pałacu królewskiego i rozesłał ogłoszenia opisujące mnie i moje sztuczki. Miałem dziesięć pokazów dziennie, budząc zdziwienie wielu ludzi.

Po kilku tygodniach męczące sztuczki, do których codziennie mnie zmuszano, poważnie wpłynęły na moje zdrowie. Im więcej mój pan na mnie zarobił, tym bardziej chciwy się stawał. Byłem coraz słabszy. Farmer to zauważył i doszedłszy do wniosku, że wkrótce umrę, postanowił sprzedać mnie, aby zarobić na mnie jak najwięcej. Gdy rozmyślał o tym, zjawił się posłaniec z pałacu królewskiego, rozkazując mojemu panu zabrać mnie tam natychmiast, aby zabawić królową. Dotarły do niej opowieści o moich wspaniałych występach i świetnych sztuczkach.

Królowa była mną niezmiernie zachwycona. Podała mi swój mały palec, a ja wziąłem go w dwie ręce.

Zadała mi kilka ogólnikowych pytań o mój kraj i podróże, na które to pytania odpowiedziałem najpełniej, jak umiałem. Zapytała, czy chciałbym

live in the palace, and of course I said yes. She then asked my master if he was willing to sell me. He, who believed that I was so sick that I could not live another month, was willing to sell me and demanded a thousand pieces of gold, which were immediately given to him.

I begged the Queen that Glumdalclitch, who had always treated me with so much care and kindness, could be allowed to live in the palace too, to continue to be my nurse and teacher. The Queen agreed, and the girl was very excited.

The farmer left, saying good-bye to me. I didn't answer him, but only bowed coldly.

The Queen observed my coldness, and when the farmer was gone, asked me the reason. I told her that the only thing I could thank the man for, was not killing me immediately when he found me in the field, for he had made money by treating me like an animal, and I had become very ill by having to continually entertain crowds every hour of the day.

But I told the Queen that I no longer felt afraid of bad treatment, now that I was under her protection. I was already beginning to feel much better, now that I was with her.

zamieszkać w pałacu, na co oczywiście powiedziałem, że tak. Następnie spytała mojego pana,
czy byłby skłonny mnie sprzedać. On, przekonany, że jestem tak słaby, iż nie przeżyję następnego
miesiąca, chciał mnie sprzedać i zażądał tysiąca
sztuk złota, które bezzwłocznie mu wypłacono.

Błagałem królową, aby pozwolono Glumdalclitch, która zawsze była dla mnie bardzo troskli-
wa i miła, także zamieszkać w pałacu i pozostać
moją opiekunką i nauczycielem. Królowa, ku
wielkiej radości dziewczynki, zgodziła się.

Gospodarz, powiedziawszy mi do widzenia, odjechał. Nie odpowiedziałem mu, skłoniłem się
tylko chłodno.

Królowa spostrzegła moją oziębłość i gdy farmer już odjechał, spytała, czym jest ona spowo-
dowana. Odparłem, że mogę być mu wdzięczny
jedynie za to, że mnie nie zabił, gdy znalazł mnie
w polu, zarabiał natomiast na mnie pieniądze,
traktując mnie jak zwierzę, a ja zmuszany nie-
ustannie zabawiać tłumy, o każdej porze dnia,
poważnie zapadłem na zdrowiu.

Powiedziałem jednak, że teraz, skoro jestem
pod jej opieką, już nie obawiam się złego trakto-
wania. Od razu czuję się lepiej, będąc teraz z nią.

VI. AT THE PALACE

A carpenter was commanded to build a wooden box that would be a bedroom for
me. It had two windows, a door and two clo-
sets, like a beautiful English bedroom. The board that made the ceiling could be lifted up and
down, and a large bed was put in.

The Queen enjoyed being with me so much
that she couldn't eat dinner without me. A little
table was put for me next to the Queen's plate,

VI. W PAŁACU

Rozkazano cieśli zbudować drewnianą skrzynkę, która miała mi służyć za sypialnię. Miała dwa okna, drzwi i dwie szafy, jak piękna angielska sypialnia. Można było podnosić i opuszczać deseczkę będącą sufitem, wstawiono też duże łóżko.

Królowa tak dobrze bawiła się w moim towarzystwie, że nie potrafiła nawet zjeść obiadu beze mnie. Obok talerza królowej postawiono dla mnie stolik

with a little chair to sit on. Glumdalclitch sat
near me to help me. I had a set of silver dishes
and plates that were the same size as the doll-
-house dishes you can see in a London toy-shop.
The Queen always put a bit of meat on one of
my dishes and loved to watch me eat.

The King liked to talk with me, asking me about
the manners, religion, politics and education of
Europe. I gave him the best descriptions I could,
and he listened very carefully. He often picked
me up in his right hand and laughed at the things
I told him. He would say that it was very funny
that even in such a tiny creature as I, there could
be titles and distinctions of honour, and that the
people of my country built little nests and holes
that they called houses and cities. When he talked
in this way, my face grew hot and red, for I was
angry to hear my great country being laughed at.

But even I laughed at myself when the Queen
held me in her hand and stood in front of a mir-
ror, and I could see both of us together. There
was nothing more ridiculous than the compari-
son of our sizes.

The Queen often criticised me for being co-
wardly, and she used to ask me whether the people of my country were all cowards, like I was.
The reason was this: there were a lot of flies in
the kingdom in summer, and these disgusting in-
sects, each of them as big as an English pigeon,

z maleńkim krzesłem do siedzenia. Glumdalclitch siedziała obok, aby mi pomagać. Miałem komplet srebrnych naczyń i talerzy wielkości naczyń z domków dla lalek, które można spotkać w londyńskich sklepach z zabawkami. Królowa zawsze nakładała trochę mięsa do jednego z moich naczyń i uwielbiała patrzeć, jak jem.

Król lubił rozmawiać ze mną, pytał o maniery, religię, politykę i edukację w Europie. Opisywałem mu wszystko najlepiej, jak umiałem, a on słuchał bardzo uważnie. Często podnosił mnie prawą ręką i śmiał się z tego, co mówiłem. Mawiał, że to bardzo zabawne, że nawet tak maleńkie stworzenia jak ja mają tytuły i odznaczenia honorowe, i że ludzie w moim kraju budują małe gniazdka i norki, które nazywają domami i miastami. Gdy tak mówił, płonąłem i czerwieniłem się na twarzy, wściekły, że mój wspaniały kraj jest tak wyśmiewany.

Ale nawet i ja śmiałem się z siebie, kiedy królowa brała mnie do ręki i stawała przed lustrem, a ja mogłem zobaczyć nas razem. Trudno było o coś bardziej groteskowego niż porównywanie naszych rozmiarów.

Królowa często krytykowała moje tchórzostwo i pytała, czy wszyscy ludzie w moim kraju są takimi tchórzami jak ja. Powód tego był następujący: latem w królestwie było mnóstwo much, i te obrzydliwe insekty, każdy wielkości angielskiego gołębia,

bothered me during my dinner with their con-
stant humming and buzzing around my ears.

They sometimes landed on my food or on my
nose or forehead. They smelled terrible, and I could easily see the disgusting, sticky liquid which
enabled them to walk on walls and ceilings. I had
a lot of trouble defending myself against those
terrible animals and couldn't stop myself from
jumping up with fear when they tried to land on
my head. My solution was to cut them to pieces
with my knife as they flew in the air, and my skill
at this was admired by everyone.

przeszkadzały mi podczas obiadu swym nieustan-
nym bzyczeniem i lataniem koło uszu.

Czasem lądowały mi w jedzeniu albo na nosie
czy na czole. Śmierdziały okrutnie i łatwo mogłem
dostrzec odrażającą, kleistą maź, umożliwiającą im
chodzenie po ścianach i po suficie. Obrona przed
tymi okropnymi stworzeniami sprawiała mi sporo
problemów i nie mogłem się powstrzymać, żeby nie
podskoczyć w górę ze strachu, kiedy próbowały wy-
lądować mi na głowie. Moim sposobem na nie było
cięcie ich nożem w locie na kawałki; wszyscy podzi-
wiali mistrzostwo, jakie w tym osiągnąłem.

Besides the large box in which I was usually carried, the Queen ordered a smaller one to be made for me, about twelve feet square and ten feet high, for travelling, because the other one was too large for Glumdalclitch's lap. This travelling box had a window in the middle of three of the walls, and each window had iron wire placed over it to prevent accidents in long journeys. On the fourth side, which had no window, there were two strong hooks, through which the person who carried me put a leather belt, which he put around his waist.

I would have lived very happily in that country if my size had not exposed me to several ridiculous and frightening accidents. Glumdalclitch often carried me into the palace's garden in my smaller box and sometimes took me out of it and held me in her hand, or put me down on the ground to walk around.

One afternoon Glumdalclitch put me down on some grass to walk by myself and went to another part of the garden with her friends. While she was gone and out of hearing, a small white dog belonging to one of the gardeners began to run around near the place where I sat. The dog, following my smell, came right up to me, took me in its mouth, ran straight to his master, wagging its tail, and put me gently on the ground.

Oprócz dużego pudełka, w którym zazwyczaj byłem noszony, królowa rozkazała, aby do podróżowania zrobiono mniejsze, mierzące około dwunastu na dwanaście stóp i wysokie na dziesięć, ponieważ tamto było zbyt duże, aby Glumdalclitch mogła je trzymać na kolanach. Ta podróżna skrzynka miała okno pośrodku każdej z trzech ścian, a w każdym oknie był metalowy pręt, który miał zapobiegać wypadkom podczas długich podróży. Na czwartej ścianie, gdzie nie było okna, znajdowały się dwa mocne zaczepy, przez które niosąca mnie osoba przeciągała skórzany pasek i opasywała się nim.

Żyłbym szczęśliwie w tym kraju, gdyby mój wzrost nie naraził mnie na kilka kuriozalnych i przerażających wypadków. Glumdalclitch często wynosiła mnie w małym pudełku do pałacowego ogrodu, czasem mnie z niego wyciągała i trzymała w ręce albo stawiała na ziemi, a ja wtedy spacerowałem.

Pewnego popołudnia Glumdalclitch zostawiła mnie samego na trawie, żebym sobie pochodził, a sama poszła z przyjaciółmi do innej części ogrodu. Gdy się oddaliła i była poza zasięgiem głosu, mały biały pies jednego z ogrodników zaczął biegać w pobliżu miejsca, gdzie siedziałem. Zwabiony moim zapachem podbiegł do mnie, złapał w pysk i merdając ogonem puścił się pędem do swego pana, by tam położyć mnie ostrożnie na ziemi.

Luckily it had been so well taught that it carried me between its teeth without hurting me or even tearing my clothes. But the poor gardener, who knew me well, was very frightened. He gently took me up in both hands and asked me if I was okay, but I was so amazed and out of breath I could not speak.

In a few minutes I recovered, and he carried me to my little nurse. She was very angry at the gardener because of his dog, but she and the gardener remained quiet about what had happened, because the girl was afraid that the Queen would be angry. I also thought it wouldn't be very good for me if everyone found out about what had happened to me.

This accident made Glumdalclitch never want to let me out of her sight again. I had been afraid of this decision for a long time. I loved to have a bit of time to myself every day, so I didn't tell her about some other little unlucky adventures that happened in those times when I was left by myself.

Once a raven flying over the garden tried to grab me, and if I hadn't pulled out my sword and run under a large flower, it would have certainly carried me away in its claws. Another time, walking to the top of a fresh mole-hill, I fell up to my neck in the hole and had to lie later in order to explain why my clothes were dirty.

Na szczęście był na tyle dobrze wytresowany, że niosąc w zębach nie zranił mnie, ani nawet nie poszarpał mi ubrania. Ale biedny ogrodnik, dobrze mnie znający, bardzo się przestraszył. Delikatnie podniósł mnie obiema rękami i zapytał, czy wszystko w porządku, ale byłem na tyle oszołomiony i zdyszany, że nie mogłem mówić.

Po kilku minutach doszedłem do siebie, a on zaniósł mnie do mojej małej opiekunki. Była bardzo zła na ogrodnika za jego psa, ale oboje zachowali w tajemnicy to, co się stało, gdyż dziewczynka obawiała się złości królowej. Też uważałem, że nie byłoby dla mnie dobrze, gdyby wszyscy dowiedzieli się, co mi się przydarzyło.

Przez ten wypadek Glumdalclitch już nigdy nie chciała spuścić mnie z oka. Bałem się od dawna takiej decyzji. Uwielbiałem mieć codziennie dla siebie trochę czasu, dlatego nie mówiłem jej o innych małych niefortunnych przygodach, które zdarzały się w tamtym czasie, gdy zostawałem sam.

Raz chciał mnie schwycić przelatujący nad ogrodem kruk i gdybym nie wyciągnął szpady i nie wbiegł pod wielki kwiat, z pewnością porwałby mnie daleko w swych szponach. Innym razem, gdy wchodziłem na szczyt świeżo usypanego kopca kreta, spadłem na kark do dziury i potem musiałem kłamać, tłumacząc dlaczego mam brudne ubranie.

And once I hurt my right leg against the shell of
a snail, which I happened to fall over as I was
walking alone and thinking about England,
which I so painfully missed.

Kiedy indziej zaś zraniłem prawą nogę o muszlę
ślimaka, a nastąpiłem na nią spacerując samotnie i rozmyślając o Anglii, za którą tak boleśnie
tęskniłem.

VII. RETURN TO ENGLAND

Throughout my stay in Brobdingnag, as that country was called, I hoped I would some day become free again, though it was impossible to imagine how this could happen. The ship in which I sailed was the first one ever to come close to their coast, and the King had given strict orders that if another ever appeared,

VII. POWRÓT DO ANGLII

Podczas całego pobytu w Brobdingnag, jak nazywano ten kraj, miałem nadzieję, że pewnego dnia będę znów wolny, chociaż trudno było sobie wyobrazić, jak mogłoby do tego dojść. Statek, którym przypłynąłem, był pierwszym, jaki kiedykolwiek zbliżył się do tutejszego wybrzeża, a król wydał stanowczy rozkaz, aby w razie pojawienia się kolejnego statku

it should be brought on shore and carried to him with all its crew and passengers. He wanted to find me a woman of my own size, so we could have children, but I think I would rather have died than have my descendants kept in cages and perhaps sold as curiosities in the kingdom.

I was treated with great kindness, and the King and Queen loved me, but I was living in a way that was very humiliating.

I wished to be among people with whom I could talk equally, and walk about the streets and fields without fear of being stepped on and killed like a frog or a young puppy.

But my freedom came sooner than I expected, and in a very unusual way.

I had now been in this country for two years. At about the beginning of the third year, Glumdalclitch and I went with the King and Queen and the royal family on a trip to the south coast of the kingdom. I was carried, as usual, in my travelling-box.

I wished to see the ocean, which could be the only way for me to escape, if it would ever be possible, but Glumdalclitch was very ill and had to stay in bed. I pretended to be a bit ill, too, and said that I needed the fresh air of the sea and asked permission for a young servant to take me there. I will never forget with what unwillingness Glumdalclitch finally agreed to this, nor the strict orders she gave to the boy

ściągnąć go na brzeg i przynieść mu go wraz z załogą i pasażerami. Chciał znaleźć dla mnie kobietę mojego wzrostu, abyśmy mogli mieć dzieci, myślę jednak, że prędzej bym zginął, niż pozwolił, aby moi potomkowie trzymani byli w klatkach i być może sprzedawani w królestwie jako ciekawostki.

Traktowano mnie z wielką życzliwością, a król i królowa kochali mnie, ale żyłem w poczuciu głębokiego upokorzenia.

Pragnąłem być wśród ludzi, z którymi mógłbym rozmawiać, jak równy z równym, i chodzić ulicami i polami bez obawy, że zostanę zdeptany i zabity jak żaba albo młody szczeniak.

Ale wolność nadeszła szybciej, niż się spodziewałem, i to w bardzo niezwyczajny sposób.

Byłem już w tym kraju dwa lata. Jakoś na początku trzeciego roku Glumdalclitch i ja wybraliśmy się razem z królem, królową i rodziną królewską na wycieczkę na południowe wybrzeże królestwa. Zabrano mnie – jak zwykle – w moim podróżnym pudełku.

Chciałem zobaczyć ocean, który mógł być dla mnie jedyną drogą ucieczki, gdyby kiedykolwiek była ona możliwa, lecz Glumdalclitch ciężko się rozchorowała i musiała zostać w łóżku. Ja udałem więc, że też jestem trochę chory i potrzebuję świeżego powietrza znad morza i poprosiłem, aby pozwolono zabrać mnie tam młodemu służącemu. Nigdy nie zapomnę, z jaką niechęcią Glumdalclitch w końcu się zgodziła, oraz jak surowych przykazań udzieliła

to be careful with me. She began to cry at the same time, as if she somehow knew what was going to happen to me.

The boy took me out in my box about half an hour's walk from the palace, towards the rocks on the seashore. I asked him to set me down and told him I wanted to take a nap, so he shut the windows of my box to keep out the cold sea wind.

I'm not sure what happened next, but all I can suppose is that the servant, thinking nothing bad could possibly happen to me, went among the rocks to look for birds' eggs.

I was suddenly awoken with a violent pull upon the ring which was attached to the top of my box to make it easier to carry.

I felt my box lifted high in the air and then carried forward with great speed. I shouted several times as loud as I could. I looked out my windows, but could see nothing but clouds and sky. I heard a noise just over my head like the flapping of wings and then realised that an eagle had grabbed the ring of my box in its beak, planning to let it fall on a rock to break it open, like a tortoise in a shell, and then pull out my body and eat it.

After a while, the noise and flapping of wings increased, and my box was tossed up and down. I heard several bangs and then, all of a sudden, felt myself

chłopakowi, by na mnie uważał. W tej samej chwili rozpłakała się, jakby w jakiś sposób przeczuwała, co się wydarzy.

Chłopiec zabrał mnie w mojej skrzynce na odległość półgodzinnego marszu od pałacu, w stronę przybrzeżnych skał. Poprosiłem, żeby mnie postawił i powiedziałem, że chcę uciąć sobie drzemkę, zamknął więc okna, aby nie wpuścić zimnego morskiego wiatru do skrzynki.

Nie jestem pewien, co stało się potem, mogę się jedynie domyślać, że służący, zakładając, że nic złego nie może mnie spotkać, poszedł na skały szukać ptasich jaj.

Nagle obudziło mnie gwałtowne szarpnięcie za umocowany na dachu skrzynki pierścień, służący do jej przenoszenia.

Poczułem, jak skrzynka unosi się wysoko w powietrzu, a potem jest niesiona z wielką prędkością. Krzyknąłem kilka razy tak głośno, jak umiałem. Wyglądałem przez okna, lecz nie widziałem nic oprócz chmur i nieba. Tuż nad głową słyszałem hałas, jakby łopot skrzydeł, i wtedy zdałem sobie sprawę, że orzeł złapał w dziób pierścień mojego domku, z zamiarem zrzucenia go na skałę, aby rozbił się i otworzył, jak żółw ze skorupy, żeby następnie wyciągnąć moje ciało i zjeść.

Po jakimś czasie hałas i łopot skrzydeł przybrały na sile, a moją skrzynką rzucało w górę i w dół. Usłyszałem kilka uderzeń i potem czułem,

falling straight down for over a minute. My fall was stopped by a terrible crash, after which everything was dark for another minute.

Then my box began to rise higher and I could see some light through my windows. I realised that I had fallen into the sea. I supposed that the eagle, which had flown away with my box, was chased by two or three other eagles, and was forced to let me drop while it was defending itself against the rest, who all wanted to eat me. My box was so strongly built that it didn't break when it hit the surface of the water.

jak przez ponad minutę lecę prosto w dół. Moje opadanie zakończyło się potężnym uderzeniem, a po nim, na kolejną minutę, wszystko zasnuła ciemność.

Skrzynka ruszyła potem ku górze i po chwili przez okna mogłem dostrzec nieco światła. Zrozumiałem, że wpadłem do morza. Przypuszczałem, że orzeł, który mnie porwał, był ścigany przez dwa lub trzy inne ptaki i broniąc się przed nimi – a one również miały na mnie chrapkę – musiał mnie upuścić. Moja skrzynka była na tyle solidnie wykonana, że nie rozbiła się o powierzchnię wody.

During this time I often thought of my dear Glumdalclitch and wished to be with her. I felt sorry for her, for surely she would be very sad to find me gone, and the King and Queen would be angry with her.

Surely no other travellers have been under as much stress as I experienced at this time, expecting every moment that my box would be smashed to pieces. Even if my box survived and did not fill up with water, what could I expect but a miserable death from cold and hunger!

For four hours I was in this situation, expecting every moment to be my last.

While I was in this miserable state, I heard a noise on the side of my box where the rings for a belt were, and soon it began to feel like the box was being pulled along the sea. This gave me some small feeling of hope, though I was not able to imagine how this could be happening. I called for help in a loud voice, in all the languages I knew. I tied my handkerchief to my walking stick and put it out the hole at the top of my box, waving it several times in the air, so that if any boat or ship were near, the sailors might realise that someone was shut up in the box.

I eventually felt the box being lifted up into the air slowly. I shouted again. A great shout answered mine, filling me with joy.

Często myślałem wówczas o mojej drogiej Glumdalclitch i pragnąłem być razem z nią. Było mi jej żal, bo na pewno będzie bardzo smutna, gdy dowie się, że zniknąłem, a król i królowa będą na nią źli.

Z pewnością żaden podróżnik nie doświadczył takiego stresu, jak ja wtedy, gdy drżałem, że w każdej chwili moje pudełko roztrzaska się na kawałki. Lecz nawet gdyby skrzynka jakoś wytrzymała i nie napełniła się wodą – czegóż mogłem się spodziewać, jeśli nie żałosnej śmierci z wychłodzenia i głodu.

I tak przez cztery godziny liczyłem się z tym, że każda chwila może być tą ostatnią.

Trwając w tym nieszczęsnym położeniu, usłyszałem hałas z boku skrzynki, tam, gdzie znajdowały się zaczepy na pasek, i wkrótce poczułem, jakby mój domek był ciągnięty po powierzchni morza. Pozwoliło mi to odczuć cień nadziei, choć nie mogłem sobie wyobrazić, cóż takiego mogło się dziać. Donośnym głosem wołałem o pomoc we wszystkich znanych mi językach. Przez dziurę w suficie skrzynki wystawiłem przywiązaną do laski chusteczkę i machałem nią w powietrzu, aby marynarze – jeżeli była tam jakaś łódka lub statek – mogli się zorientować, że ktoś jest zamknięty w środku.

Wreszcie poczułem, że skrzynka jest ciągnięta powoli w górę. Znów krzyknąłem. Odpowiedział mi głośny okrzyk, przepełniając mnie radością.

Then I heard someone calling through the hole loudly in English. I answered, begging for help.

The voice replied that I was safe, and that a carpenter would immediately come and cut a hole in the top of the box large enough to pull me out. I answered that it was unnecessary, and all that had to be done was for one of the crew to put his finger in the ring and take the box out of the sea and into the ship. Some of them, when hearing me talk so wildly, thought I was crazy, and others laughed, for I hadn't realised yet that I was now among people of my own size and strength.

The carpenter came, and in a few minutes cut a hole about four feet square, then let down a ladder, which I climbed up, and from there I was taken into the ship in a very weak condition.

The sailors were all amazed and asked me a thousand questions, but the Captain, an honest, friendly Englishman, observed that I was very weak and took me into his cabin, gave me some food and allowed me to rest in his own bed.

I slept many hours, but was constantly disturbed by dreams of the place I had left and the dangers I had escaped. However, upon waking I felt better.

I ate with the Captain, and he explained that he had observed my box floating in the sea through his telescope. Seeing what looked like a floating house,

Potem usłyszałem, że ktoś przez dziurę woła głośno po angielsku. Odpowiedziałem, błagając o pomoc.

Głos odrzekł, że jestem bezpieczny i że niezwłocznie przyjdzie cieśla i wytnie otwór w górze skrzyni na tyle duży, by mnie z niej wydostać. Odparłem, że to niepotrzebne, bo wystarczy, aby ktoś włożył palec w pierścień i wyciągnął skrzynkę z morza na statek. Część załogi słysząc, jak wygaduję podobne bzdury, uznała, że zwariowałem, inni wybuchli śmiechem; a ja tymczasem nie wiedziałem jeszcze, że znajduję się pośród ludzi o tej samej co ja wielkości i sile.

Pojawił się cieśla i w ciągu kilku minut wyciął otwór wielkości jakieś cztery stopy na cztery, potem spuścił weń drabinę, po której wyszedłem, i z niej zabrano mnie na pokład statku; znajdowałem się w opłakanym stanie.

Wszyscy marynarze byli zdumieni i zadawali mi tysiące pytań, lecz kapitan, uczciwy, sympatyczny Anglik, zauważył, że jestem osłabiony i zabrał mnie do swojej kajuty, dał coś do jedzenia i pozwolił odpocząć we własnym łóżku.

Przespałem wiele godzin, nękany jednak bez przerwy snami o miejscu, które opuściłem, i o niebezpieczeństwach, jakich uniknąłem. Mimo wszystko po przebudzeniu czułem się znacznie lepiej.

Zjadłem posiłek razem z kapitanem, który wyjaśnił, że dostrzegł moją dryfującą na morzu skrzynkę przez lunetę. Widząc coś wyglądającego jak pływający dom,

he ordered some men to go out to it in a boat and to pull it to the ship with some long cables.

I told the Captain all about Brobdingnag and the adventures I had had there, but he thought that my brain was disturbed and told me I should rest for the remaining part of the journey to England.

I was overjoyed when I finally saw my country and family again.

rozkazał kilku ludziom popłynąć po niego łodzią i przyciągnąć do statku za pomocą długich lin.

Opowiedziałem kapitanowi wszystko o Brobdingnag i przygodach, które tam przeżyłem, pomyślał jednak, że postradałem rozum i polecił mi odpoczywać przez pozostałą część podróży do Anglii.

Nie posiadałem się z radości, kiedy w końcu znów zobaczyłem mój kraj i rodzinę.

CONTENTS

SPIS TREŚCI

Wszystkie tytuły z serii *Czytamy w oryginale:*

Moby Dick – Moby Dick

The Last of the Mohicans – Ostatni Mohikanin

Dracula – Drakula

Lord Jim – Lord Jim

Three Men in Boat – Trzech panów w łódce

Robinson Crusoe – Robinson Crusoe

The Secret Garden – Tajemniczy ogród

The Adventures of Tom Sawyer – Przygody Tomka
Sawyera

The Adventures of Sherlock Holmes – Przygody
Sherlocka Holmesa

Alice's Adventures in Wonderland – Alicja w krainie
czarów

Treasure Island – Wyspa Skarbów

Gulliver's Travels – Podróże Guliwera

The Wonderful Wizard of Oz – Czarnoksiężnik z
Krainy Oz

White Fang – Biały Kieł

Sense and Sensibility – Rozważna i romantyczna

Pollyanna – Pollyanna

Peter Pan – Piotruś Pan

A Christmas Carol – Opowieść wigilijna

Więcej informacji na www.44.pl